DÉFENSE

DE

L'IMPOT PROGRESSIF

CONTRE

M. THIERS

ET

PROBLÈME DE L'IMPOT

PAR

Ch. DANRÉ, ANCIEN NOTAIRE.

PARIS,

GARNIER FRÈRES, LIBRAIRES,

215, PALAIS NATIONAL, 10, RUE RICHELIEU.

22 Mars 1850.

AVANT-PROPOS.

Dans le dernier livre de son ouvrage intitulé *De la Propriété*, M. Thiers traite la question de l'Impôt contre *les partisans de l'impôt progressif*, contre ces réformateurs à part, qu'il considère, entre ceux qu'il appelle « *les ennemis de la propriété,* » comme « *les « plus habiles.* »

Afin de démontrer à tous que, loin de vouloir, comme il nous en accuse, *exagérer* l'impôt ou *le devoir de la propriété*, pour *en violer le droit*, et, par suite, *abolir et sacrifier la propriété même*, nous voulons au contraire *en concilier et en équilibrer le droit et le devoir, pour l'affranchir et la consolider*, nous allons examiner successivement les sept chapitres de son Traité.

DÉFENSE

DE

L'IMPOT PROGRESSIF.

CHAPITRE PREMIER.

DE LA MANIÈRE D'ATTEINDRE LA PROPRIÉTÉ PAR L'IMPOT.

Qu'il n'est pas vrai que les gouvernements aient eu pour vue principale, dans tous les siècles, de décharger une classe aux dépens des autres, et qu'ils ont pour but essentiel de prendre l'argent où il était plus facile de le trouver.

Pourquoi donc alors les privilèges de la noblesse et du clergé? pourquoi le régime féodal? pourquoi l'esclavage? Etait-il donc plus facile de trouver l'argent dans les chaumières que dans les châteaux, dans les cabanes que dans les abbayes, chez les vassaux que chez les seigneurs? Manière étrange d'atteindre la propriété par l'impôt, que de l'en exempter, et d'en grever tout au contraire la non-propriété! Manière étrange de gouverner la société, que de la diviser en maîtres et en esclaves, en privilégiés en contribuables! Manière étrange d'entendre *la justice* en matière d'impôt, que d'imposer les charges, et non les revenus!

Si, de siècle en siècle, un Sully, un Colbert, un Turgot, so par humanité, soit par prudence, a voulu ménager le peuple, privilège a protesté. Loin donc de l'avoir infirmée, l'exception confirmé la règle.

Qu'est-ce donc que ce premier chapitre? *Un démenti* condamné par l'histoire.

CHAPITRE II.

DU PRINCIPE DE L'IMPOT.

Que l'impôt doit atteindre tous les genres de revenus, ceux de la propriété comme ceux du travail.

Avant de démontrer sa proposition, l'auteur veut établir les vrais principes de *la justice* en matière d'impôt.

« *La justice* en matière d'impôt, dit-il, ressort de l'origine
« de l'impôt bien décrite. Il n'existe pas dans la société, un seul
« genre de travail, celui qui consiste à cultiver la terre, à tisser
« des fils, à faire de ces fils des étoffes propres au vêtement, à
« construire des habitations, en un mot à nourrir, à vêtir, à loger
« l'homme. Il y en a un second, non moins indispensable, c'est
« celui qui consiste à protéger le premier, à protéger le laboureur,
« le manufacturier, le constructeur. Le soldat qui porte les
« armes, le magistrat qui juge, l'administrateur qui préside à
« l'organisation de tous ses services, travaillent aussi utilement
« que celui qui fait naître le blé, qui confectionne des tissus, qui
« construit des maisons. De même que le laboureur produit des
« grains pour celui qui tisse, et réciproquement, l'un et l'autre
« doivent labourer et tisser pour celui qui monte la garde, applique
« les lois ou administre. Ils lui doivent une partie de leur travail
« en échange du travail qu'il exécute pour eux. L'argent de l'im-
« pôt, qui est un moyen de se procurer ou du pain, ou des vête-
« ments, ou des habitations, est cet équivalent dû à ceux qui se
« sont voués à une occupation différente, mais également néces-
« saire, également productive.

En vérité, l'auteur s'égare, ou veut nous égarer dans des dé-
dales de phrases. Que prouve, en effet, ce beau morceau de ré-
thorique? Il prouve, tout au plus, ce que personne ne conteste,
la nécessité de l'impôt. Or, de ce que l'impôt est *nécessaire*, s'en
suit-il qu'il soit *juste*? Aucunement. En vraie logique, qu'est-ce
que la *justice* ou *l'injustice* en matière d'impôt? C'est évidemment sa *bonne* ou sa *mauvaise* essence, son *bon* ou son *mauvais*
aloi, sa qualité *bonne* ou *mauvaise*; ce sont en un mot ses quali-
tés intrinsèques. Par conséquent, où peut-on les trouver? où?
dans l'impôt en lui-même, dans son assiette, dans sa répartition.

C'est au surplus ce qu'on verra bien clairement dans le chapitre III.

Maintenant, les profits du travail sont-ils des revenus? Non, certes! car :

1° En raison comme en droit, les revenus sont *les fruits*, soit naturels, soit industriels, soit civils, de capitaux immobiliers ou mobiliers précédemment acquis ; les profits du travail, au contraire, ne sont que *les racines* de ces capitaux, ou les moyens d'en acquérir;

2° Les revenus des capitaux immobiliers ou mobiliers s'en détachent d'eux-mêmes, pour ainsi dire, ou peuvent être assurés par des hypothèques et autres garanties; les profits du travail, au contraire, sont aléatoires, puisque des maladies, des infirmités, des chômages, des crises et mille événements peuvent en priver les travailleurs ;

3° Les propriétaires de capitaux immobiliers ou mobiliers peuvent les vendre, les échanger, les hypothéquer, les engager les louer, les prêter, les donner ; ils peuvent les transmettre à des héritiers ; les travailleurs, au contraire, sont privés de tous ces avantages, puisque les profits du travail, loin d'émaner de capitaux, n'en sont que *les racines ;*

4° Hors l'aumône ou l'hôpital, les profits aléatoires des travailleurs sont leur seule ressource ; les revenus, au contraire, n'équivalent en moyenne qu'au vingtième des capitaux qui les produisent, si ces capitaux sont mobiliers, et au quarantième seulement, s'ils sont immobiliers ;

5° L'impôt des capitaux est donc déjà vingt ou quarante fois plus lourd que l'impôt des revenus. Or, ne fallût-il aux travailleurs que vingt-cinq ans en moyenne pour acquérir, à force d'épargnes, un capital produisant un revenu suffisant pour faire vivre eux et les leurs, en cessant de travailler pour autrui, l'impôt des profits du travail équivaudrait, dans cette hypothèse, à vingt-cinq fois l'impôt des capitaux, et partant à cinq cents et mille fois l'impôt des revenus.

Donc, en résumé :

L'impôt des revenus, lui seul, peut être honnête et modéré, car il respecte et laisse intacts les capitaux et leurs *racines ;*

L'impôt des capitaux est une atteinte à la propriété, car il ravit des biens acquis ;

Enfin, l'impôt des profits du travail ravit le droit d'acquisition, car il arrache ses *racines*.

Contradiction choquante! ici l'auteur prétend « que l'impôt « doit atteindre tous les genres de revenus, ceux de la propriété « comme *ceux* du travail ; » et il a dit auparavant « que le tra-« vail est *l'origine*, le vrai fondement, le fondement *naturel* de la « propriété. » Ainsi, selon l'auteur, le travail est tout à la fois *la racine* et *le fruit* de la propriété. Que conclure de là ? c'est que le soi-disant économiste est tout aussi savant que le soi-disant botaniste qui confondrait *les racines* des plantes avec leurs *fruits*.

Autres contradictions!

« L'exemption d'impôt accordée autrefois aux nobles et au « clergé, quoiqu'elle ne fût pas une injustice dans l'origine, l'é-« tait devenue avec le temps. Les premières contributions ayant « eu pour objet d'entretenir les gens de guerre, il était *naturel* « que les seigneurs, *servant en personne*, ne payâssent pas l'im-« pôt. Ils l'acquittaient en *nature*.

Mais, ô savant économiste! ô véridique historien! est-ce que les vilains, est-ce que les roturiers, est-ce que les vassaux, quoique écrasés d'impôts, *ne payaient pas de leurs personnes*, au moins autant que les seigneurs?

« Quant au clergé, la terre était son *salaire*. Dès-lors, elle « pouvait être considérée comme *naturellement exempte des* « *charges publiques.* »

C'est par trop fort! quoi, la terre et ses fruits! quoi, de riches domaines! quoi, des revenus aussi certains qu'immenses auraient été, dans ces temps-là, *justement privilégiés*, *naturellement exempts d'impôts*, comme étant de *prétendus salaires*! et de nos jours, *les vrais salaires*, les profits du travail, quoique chétifs, quoique incertains, quoique aléatoires, quoique n'étant que *les racines* et non *les fruits* de la propriété, seraient *injustement exempts*! leur affranchissement d'impôts serait, dit-on, *contraire à la justice, contraire à l'équité, contraire à la nature*! Mais *la justice*, mais *l'équité*, mais *la nature* se sont donc démenties, se sont donc retournées, ont donc fait volte-face? Non! non! l'absurdité n'est pas la science!

Concluons! Ou ânerie, ou concussion : voilà l'impôt sur le travail!

CHAPITRE III.

DE LA RÉPARTITION DE L'IMPOT.

Que l'impôt doit être proportionnel *et non* progressif.

Remarquons d'abord que , par une omission dissimulée ainsi qu'on va bientôt le voir, le problème de la répartition de l'impôt, tel qu'il est énoncé par le savant économiste, est incomplet, car il y manque une donnée, une donnée essentielle, une donnée indispensable à sa résolution parfaitement mathématique.

En effet, quel est l'impôt contraire à l'impôt *progressif*, ou à celui dont le taux, d'abord très faible, augmente à mesure que la fortune augmente?

Est-ce l'impôt *proportionnel*? Non , car l'impôt *proportionnel* est celui dont *le taux* est *égal*, cinquante pour cent par exemple, sur toutes les fortunes, soit petites, soit moyennes, soit grandes.

Quel est-il donc? Évidemment c'est l'impôt *rétrograde*, ou celui dont le taux, d'abord excessif, diminue à mesure que la fortune augmente. Tels sont, à défaut d'impôts *rétrogrades réguliers*, les innombrables impôts *fixes* actuellement établis, non point sur *la fortune de chacun* ou *son revenu net*, mais sur les alimens, le logement, les vêtemeuts, les besoins, les nécessités, les charges, les emprunts, les dettes, les saisies, les faillites, les accidents et les malheurs, ou *l'infortune et la misère*. Il est clair, en effet, en bonne arithmétique , que tous les genres d'impôts *fixes*, et notamment les impôts *indirects*, pèsent *mille fois plus proportionnellement* sur des revenus de cent francs, que sur ceux de cent mille francs, et que, dès-lors, les impôts *indirects* et tous les genres d'impôts *fixes*, très-légers sur les millionnaires, écrasent ceux qui vivent, non point de revenus, mais des profits de leur travail.

Mais notre docte économiste, au mépris de l'arithmétique, prétend tout le contraire, et voici sa démonstration que, par un tour d'adresse et pour masquer les plus grossiers de ses sophismes, il a cachée dans ses chapitres IV et V.

« L'impôt *indirect* est *volontaire* de la part du contribuable, en « ce qu'il s'arrête dans sa dépense s'il ne croit pas pouvoir y « suffire, et il ne paie dès-lors des contributions que ce qu'il en

« veut payer, et *en proportion des jouissances* auxquelles il se
« livre. »

Cela veut dire en ironie : Très chers contribuables, si vous vou-
lez m'en croire, et si vous le pouvez, habitez les forêts, mangez
du gland, buvez de l'eau, couvrez-vous d'une feuille, jouissez de
la vie, évitez les gendarmes, et vous ne paierez rien. Ainsi, ce
n'est pas cher ; puis, c'est *habile* et *juste*, et même *généreux;* vous
l'allez voir, continuez de lire.

« L'impôt *est plus juste*, car le riche qui consomme davantage
« des produits sociaux, paie *en plus grande proportion* ce qu'ils
« ont coûté à protéger, et celui qui par prévoyance , économie ou
« pauvreté s'en abstient , est dispensé de payer une part des dé-
« penses publiques *proportionnée à son abstention.* »

L'entendez-vous? Pour les gens prévoyants, pour les gens éco-
nomes, pour les pauvres honteux, *abstention! abstention la plus
grande possible*! et dès-lors, sauf le froid, sauf la faim, sauf la vie,
on en est quitte à bon marché. Mais, pour le riche, oh ! c'est bien
différent ! *En plus grande proportion* avec quoi, s'il vous plaît,
ô docte économiste? Avec son revenu, sans doute! Ainsi, suivant
le docte économiste, un revenu de cent mille francs paie *en plus
grande proportion* qu'un revenu de mille francs ; en sorte que si,
par exemple, un revenu de mille francs paie dix pour cent, un
revenu de cent mille francs paie vingt ou trente pour cent d'impôt, peut-être plus. Ouvrez les yeux ! gens incrédules ! ouvrez les
yeux ! voyez ! voyez! mais voyez donc! quel avantage pour le
peuple !

En osez-vous toujours douter ? Profondément blessé dans son
honneur scientifique, le docte économiste vous rappelle à l'ordre,
car il dit plus loin : « Persistant dans le point de vue de mon su-
« jet, je vais rechercher laquelle de ces formes (l'impôt *direct* et
« l'impôt *indirect*) est *plus ou moins avantageuse* au peuple,
« c'est-à-dire *plus onéreuse au riche, plus légère au pauvre*. Je
« n'hésite pas à déclarer que c'est la dernière qu'il faut *sincère-
« ment* préférer, par *habileté* autant que par *un genre de bonté* qui
« est dans *tous les cœurs honnêtes.* »

Voilà donc, suivant l'honnête et docte économiste, l'impôt *indirect directement progressif,* quoique *indirect,* et, par ce motif,
notez-le bien, par ce motif qu'il est *directement progressif,* quoique *indirect, plus juste* et *plus avantageux* au peuple que l'impôt
direct.

Voilà donc pourquoi l'honnête et docte économiste omet ici l'impôt *rétrograde*.

Or, puisque, dans son modeste avant-propos, l'honnête et docte économiste se flatte de tout démontrer *péremptoirement, clairement, jusqu'à l'évidence, par axiomes, géométriquement* enfin, contre *la mauvaise ambition, l'orgueil et l'ignorance*, inclinons-nous ; mais notons bien ce premier théorème à la façon de notre économiste-géomètre.

Voyons maintenant l'impôt *proportionnel*.

« Chacun , dit notre économiste-géomètre, chacun doit contri-
« buer aux dépenses publiques non pas également, mais *propor-*
« *tionnellement, proportionnellement* à ce qu'il gagne ou à ce qu'il
« possède, par la raison *fort naturelle* que l'on doit concourir aux
« frais de la protection sociale suivant la quantité de biens proté-
« gée. Ainsi, par exemple, si on suppose que la France donne
« 12 milliards de produit brut, et qu'il faille 1,200 millions pour
« faire face aux dépenses publiques (évaluations fort hypothéti-
« ques, je le déclare), il en résulterait que chacun devrait à l'État
« le dixième de ses revenus de tout genre. Celui qui a 1,000
« francs de revenu, soit de son travail, soit de son bien, devrait 100
« francs de rétribution commune. Celui qui aurait 10,000 francs
« de revenus divers, propriété ou travail, devrait, sur le même
« pied du dixième, 1,000 francs. De même celui qui aurait 100,000
« francs de revenus divers, devrait 10,000 francs. Ils paieraient
« celui-ci cent fois, celui là dix fois plus, parce que la protection
« sociale aurait garanti à l'un cent fois, à l'autre dix fois davan-
« tage. En reproduisant ici la comparaison que j'ai déjà faite de la
« société avec une Compagnie d'assurance mutuelle (comparaison
« la plus vraie, la plus complètement exacte qu'on puisse em-
« ployer), je dis qu'on doit payer le risque en proportion de la
« somme de propriété assurée. Si on a fait assurer une maison va-
« lant 100,000 francs (la prime étant de 1 pour 100), on devra
« 1,000 francs à la compagnie ; si la maison assurée vaut un
« million, on devra 10,000 francs. Ces choses sont d'une telle
« évidence qu'elles ne semblent pas même devoir être discu-
« tées. »

Pour le moment, ne les discutons point.

Remarquons seulement que notre économiste-géomètre, en rap-
pelant ce nouveau théorème dans son chapitre IV, ajoute : « Voilà

« *le juste*, voilà *le vrai*, voilà surtout *le seul certain*. Hors de là
« il n'y a rien que d'*incertain*, d'*arbitraire* et de *déréglé*. »

Eh bien ! économiste-géomètre ! si votre théorème de l'impôt
proportionnel est le seul *juste*, est le seul *vrai*, s'il est surtout *le
seul certain*; si hors de là il n'y a rien que d'*incertain*, d'*arbitraire* et de *déréglé*, votre théorème de l'impôt *progressif indirect* est donc, d'après vous-même, *incertain, arbitraire, absurde,
faux et mensonger*. Comment sortirez-vous de ces contradictions?
En avez-vous jamais trouvé dans la géométrie?

Eh bien ! économiste-géomètre ! soutiendrez-vous toujours que
l'impôt *indirect*, loin d'être *rétrograde*, est au contraire *progressif*? soutiendrez-vous cette imposture, vous qui savez fort bien
qu'un tel impôt grève *les charges* et non *les revenus* ? soutiendrez-vous cette imposture, vous qui savez l'arithmétique, vous
qui savez fort bien qu'un tel impôt est *fixe* ? soutiendrez-vous
cette imposture, vous qui savez l'histoire, vous qui savez si bien
que l'impôt *indirect* était à son début, « une rançon de brigan
« dage ? »

Voyons enfin l'impôt *progressif direct*, par opposition à l'impôt
progressif indirect, à la façon de notre économiste-géomètre.

Si notre auteur n'est guère économiste-géomètre, il est du moins
et sophiste et rhéteur.

Or, le sophiste a pu se dire :
Si l'impôt *progressif indirect* est *juste*,
L'impôt *progressif direct* est *injuste* ;

Donc l'impôt *progressif direct* est *arbitraire*, donc il est
odieux, donc il est *révoltant* ; donc l'impôt *progressif direct* est *le
pillage*, est *la spoliation*, et ainsi du reste, jusqu'au *brigandage*
et *au-delà*.

Tel est, en effet, le dernier théorème que le rhéteur, soi-disant
économiste-géomètre, a voulu démontrer à la suite de son théorème de l'impôt *proportionnel* qu'il a pour but de confirmer.
Quoique très-long, nous le donnons en son entier, pour en montrer toute la force.

« Mais la limite de la justice atteinte, certains financiers du
« temps ne savent pas s'y tenir. Ils ont voulu aller au-delà, et ils
« ont prétendu que l'impôt devait être *progressif*, c'est-à-dire que
« la proportion, au lieu d'être du dixième pour tous, devra être,
« par exemple, du cinquième pour l'un, du tiers pour l'autre.
« Ainsi celui qui aura 1,000 francs de revenu, payant toujours

« 100 francs sur le pied du dixième, celui qui aura 10,000 francs
« devra payer 2,000 francs au lieu de 1,000, sur le pied du cin-
« quième, et le troisième 33,000 au lieu de 10,000, sur le pied
« du tiers, ce qui fait pour le second double part de contribution,
« pour le troisième un peu plus du triple. C'est là ce qu'on appelle
« l'impôt progressif, ce qui veut dire qu'au lieu de proportionner
« l'impôt à l'étendue du revenu, et de suivre une proportion cons-
« tante, on double, on triple la proportion, à mesure que le re-
« venu est plus grand, à peu près comme ce marchand, qui, en
« voyant arriver un riche étranger à sa porte, se dit: Ce monsieur
« est riche, il paiera plus cher. — Quand il s'agit de frivolités
« d'une faible valeur, on peut sourire de cette intention de faire
« payer différemment les mêmes choses, d'autant que les riches
« étrangers traitent de gré à gré, et que le mal étant volontaire
« ne saurait aller bien loin. Mais que diriez-vous si ces acheteurs
« étaient forcés d'acheter, et point libres de dire non ?

« Supposez que, chez un marchand, vous achetiez cent livres
« d'une denrée, il est simple que vous payiez pour cent livres, et
« que, si vous en achetiez mille livres, vous payiez pour mille.
« Trouveriez-vous naturel qu'on vous fît payer la livre plus cher
« si vous en prenez mille que si vous en prenez cent ? En général,
« c'est le contraire qui a lieu, car le marchand tient compte du
« plus grand bénéfice que vous lui procurez. Eh bien, ici c'est
« tout différent; plus vous achetez, plus vous payez cher. Si
« vous vous adressez à une compagnie de transports, et que vous
« demandiez à expédier mille tonnes, cent mille tonnes, vous
« payerez comme mille, comme cent mille, et généralement un
« peu moins par tonne quand vous expédierez davantage, parce
« que les frais diminuent plutôt qu'ils n'augmentent avec la quan-
« tité. Enfin si vous faites partie d'une Compagnie d'actionnaires,
« et qu'on vote une contribution extraordinaire de 10 francs par
« action, vous la payerez de 10 francs, que vous ayez cent actions,
« ou que vous en ayez mille. Comprendriez-vous que, si vous en
« aviez mille, vous la payassiez de 20 francs au lieu de 10 ? Vous
« trouveriez cette exigence insensée. Vous n'écouteriez pas même
« celui qui vous proposerait d'y accéder. Qu'est-ce donc que la
« société, sinon une Compagnie où chacun a plus ou moins d'ac-
« tions, et où il est juste que chacun paye en raison du nombre de
« celle qu'il possède, en raison de dix, de cent, de mille, mais
« toujours suivant la quotité imposée à toutes ? Il serait aussi in-

« juste de supporter un plus fort prélèvement quand on aurait
« peu d'actions, qu'injuste d'en payer un moindre quand on en
« aurait beaucoup. La règle pour tous, ni plus ni moins que la
« règle : autrement il n'y a plus que confusion, et la société agit
« comme ce marchand qui dit : Monsieur est riche, donc il
« payera davantage les mêmes choses; ce qui, je le répète, fait
« sourire s'il s'agit de frivolités, ce qui n'a plus de bornes, ce qui
« devient *un vrai pillage* s'il s'agit de valeurs considérables. Vous
« allez voir, en effet, naître un arbitraire immense, incalculable, uni-
« quement parce qu'on est sorti de la règle.

« La considération qui décide à faire payer à l'un dans la propor-
« tion du dixième de son revenu, à l'autre dans la proportion du
« cinquième, à un troisième dans la proportion du tiers, quelle
« est-elle? Pas une autre que celle-ci : le premier n'a pas suffi-
« samment pour vivre, le second a suffisamment, le troisième a
« trop. Oh! je comprends que vous disiez : celui-ci a 10,000 francs
« de revenu au lieu de 1,000, ou même 100,000 francs au lieu de
« 1,000, et il paiera dix fois plus parce qu'il est dix fois plus riche,
« ou cent fois plus parce qu'il est cent fois plus riche. Mais pour-
« quoi dire : S'il est dix fois plus riche, il paiera non pas dix
« fois mais vingt fois davantage; et s'il est cent fois plus riche, au
« lieu de payer cent fois davantage, il paiera trois cents, quatre
« cents fois davantage; et pourquoi? je vous le demande. Pourquoi?
« le voici.

« Quand vous adoptez la proportion du dixième pour tous,
« celui qui a 1,000 francs de revenu payant cent francs, il lui en
« reste 900. Celui qui a 10,000 francs payant 1,000 francs, il lui
« en reste 9,000; celui enfin qui a 100,000 francs payant 10,000
« francs, il lui en reste 90,000. Or, vous dites du second :
« 9,000 francs, c'est bien assez pour vivre, si on songe surtout à
« celui à qui il ne reste que 900 francs. Vous dites du troisième :
« 90,000 francs de revenu, oh! c'est exorbitant, en songeant
« à celui à qui il reste 9,000 francs, et bien plus exorbitant
« encore en songeant à celui à qui il ne reste que 900 francs.
« On peut donc prendre plus au second, plus encore au troi-
« sième. En conséquence, on demandera dans la proportion du
« cinquième au second, et il lui restera 8,000 francs pour vivre;
« c'est bien assez. On demande dans la proportion du tiers au
« troisième, et il lui restera 66,000 francs, c'est non seulement

« assez, mais trop ! Quoi ! 66,000 francs, quand au premier il ne
« reste que 900 francs, et on se plaindrait !

« Je vous défie de trouver un autre raisonnement que celui-là,
« c'est que le premier a tout juste de quoi vivre avec 900 francs,
« le second assez avec 8,000, le troisième trop avec 66,000;
« ce qui revient à dire que vous n'avez plus d'autre règle que le
« jugement qu'il vous convient de porter sur la richesse, que
« vous êtes en pleine loi agraire, partageant les fortunes, retran-
« chant à l'un pour donner à l'autre, en un mot, que vous avez
« mis la main sur la propriété. Sortis de la règle, qui est le mur
« de clôture, vous avez envahi le champ du voisin, pour en prendre
« ce qu'il vous plaît, beaucoup ou peu selon votre jugement.
« Poussez plus avant dans la voie où vous êtes entré, et où vous
« n'avez plus que cette règle : Ceci ne suffit pas pour vivre, ceci
« suffit, ceci est trop ; poussez plus avant, et vous allez voir que
« vous serez conduit loin, bien loin. En effet, vous avez adopté la
« proportion du dixième pour l'un, du cinquième pour l'autre,
« du tiers pour le troisième, et il reste à l'un 900 francs sur 1,000,
« à l'autre 8,000 francs sur 10,000, au troisième 66,000 francs
« sur 100,000. Pourquoi, je vous prie, cette limite ! Quoi ! il y
« a un homme qui n'aura que 900 francs de revenu, et à côté en
« voilà un qui en garde 8,000, un autre 66,000 ! Mais 8,000
« c'est plus qu'il ne faut si on considère celui qui n'a que 900,
« et 66,000 c'est au-delà de toute raison. Et pourquoi pas une
« autre proportion ? pourquoi pas le tiers pour le second, la
« moitié pour le troisième ? Ainsi l'un ayant toujours, et invaria-
« blement, ses 900 francs, l'autre en conserverait 6,600 sur
« 10,000, le troisième 50,000 sur 100,000. Oserait-on dire que
« ces deux derniers sont à plaindre l'un avec 6,600 francs, l'autre
« avec 50,000 ? Mais à regarder les choses au point de vue de la
« véritable humanité, on n'aurait pas assez fait. A être complète-
« ment humain, il faudrait une autre progression, et on irait aux
« deux tiers pour le second, ce qui lui laisserait 3,300 francs, aux
« trois quarts pour le troisième, ce qui lui laisserait 25,000
« francs, on irait jusque-là qu'on serait bien assez indulgent pour
« la richesse, car, après tout, il resterait encore un homme qui
« aurait 25,000 francs pour vivre, à côté d'un autre qui n'en au-
« rait que 3,300, et d'un troisième qui n'en aurait que 900.

« Je vous prie même de remarquer que si vous êtes conséquent,
« et que si vous élevez sans cesse la progression comme cela est

« juste, il deviendrait inutile d'être riche, car en continuant de ce
« de ce pas, en allant des trois quarts aux quatre cinquièmes, aux
« cinq sixièmes, aux six septièmes, aux sept huitièmes, aux huit
« neuvièmes, aux neuf dixièmes, il ne servirait presque de rien par
« exemple d'avoir 150,000 francs de rente au lieu de 100,000,
« car, dans la proportion des quatre cinquièmes on ne garderait
« que 30,000 francs de revenu au lieu de 25,000. Il ne servirait
« de rien d'avoir 200,000 au lieu de 150,000, car dans la propor-
« tion des cinq sixièmes, on aurait 33,000 francs au lieu de 30,000.
« Il ne servirait de rien d'en avoir 250,000 au lieu de 200,000,
« car dans la proportion des six septièmes, on aurait 35,700
« francs au lieu de 33,000. Il finirait même par être dangereux
« d'être riche, car il y a telle progression, d'après laquelle ar-
« rivé à la proportion des quatre-vingt-dix-neuf centièmes, on gar-
« derait 10,000 francs pour vivre, avec un million de revenu. Le
« calcul prouve enfin qu'en appliquant une proportion toujours
« croissante, le dernier terme serait zéro.

« Mais, dira-t-on, vous exagérez. On peut pousser la propor-
« tion dans une certaine mesure, mais ne pas marcher aussi vite
« que vous venez de le faire, et enfin pour obvier aux consé-
« quences dernières du calcul, qui conduirait à zéro, on peut s'ar-
« rêter, et ne jamais prendre au delà de la moitié, car, effective-
« ment, dans aucun système de progression proposé, on n'a dé-
« passé la proportion de 50 pour cent de revenu. Et pourquoi
« s'arrêter, je vous le demande ? Parce que vous êtes modéré. Et
« quelle règle suivez-vous dans votre modération ? La règle qu'il
« ne faut pas trop prendre, que c'est trop de réduire à 3,300 francs
« l'homme qui a 10,000 francs de rentes, à 25,000 celui qui
« en a 100,000 ; qu'on peut se contenter de prendre à l'un
« 2,000 francs et de lui en laisser 8,000, à l'autre 33,000 et de lui
« en laisser 66,000. Vous estimez ainsi les proportions que la ri-
« chesse doit conserver dans notre société. Vous vous appelez d'un
« tel nom que je ne veux pas dire ici, mais que j'honore ; vous
« êtes de tel parti que je ne veux pas désigner, mais dont je fais
« cas, et par ce motif vous êtes plus modéré. Je vous rends grâ-
« ces. Mais les esprits sont bien divers, bien portés à la contra-
« diction. Vous souvenez-vous de l'enchère ouverte pour les appoin-
« tements des ministres ? L'un propose 60,000 francs par an. —
« Non, c'est trop, dit l'autre, 48,000 francs suffisent. — C'est trop
« encore, dit un troisième ; 36,000 sont bien assez. — Arrivés là,

« une sorte de pudeur saisit les enchérisseurs, et on s'arrête. On
« fera de même pour déterminer la progression de l'impôt, et
« l'Assemblée nationale fixera ce qu'on doit garder de la fortune
« que vous laissa votre père, après avoir travaillé toute sa vie.
« Mais prenez garde, j'entends des cris. Le peuple souffre, il
« s'agite, il se presse aux portes de l'Assemblée nationale ; un gé-
« néral a mal compris ses ordres, la salle des séances est envahie,
« la république qui s'appelle sociale triomphe. Il faut un milliard
« sur-le-champ ; force est donc de trouver une progression plus
« rapide, car il faut ce milliard, il le faut pour que le peuple
« n'essuie pas de nouvelles déceptions. Qui est-ce qui arrêtera ces
« triomphateurs? Rien, car la règle n'existe plus, vous l'avez dé-
« truite quand vous êtes entré dans cet ordre de considérations,
« que ceci n'est pas assez pour vivre, que ceci est assez, ou que
« ceci est trop. Il ne reste plus qu'un arbitraire dépendant du
« goût, des mœurs, des habitudes de ceux qui ont gagné la ba-
« taille, cette bataille où l'on se bat en mettant la baïonnette dans
« le fourreau. Il en résulte que je n'ai plus d'autre garantie que le
« nom que vous portez, que les engagements pris par vous dans un
« journal ou dans un discours, que votre caractère, que la jus-
« tesse plus ou moins grande enfin de votre esprit. Souvenez-vous
« pourtant que la modération de ceux qui gouvernent ne fut jamais
« acceptée comme une garantie par personne, et par ceux qui se
« disent les défenseurs exclusifs de la liberté, moins encore que
« par qui que ce soit.—Vous êtes modérés, ont-ils coutume de ré-
« pondre, et avec raison, à ceux qui leur demandent l'arbitraire,
« vous êtes modérés, tant mieux pour votre gloire. Mais vous
« l'êtes, et d'autres pourraient ne pas l'être, et ne le seraient cer-
« tainement pas. Nous n'acceptons donc pas votre modération pour
« une garantie. Nous aimons mieux une règle, quelque dure qu'elle
« puisse être, mais une règle qui soit stable, fixe, et qui ne nous
« rende dépendants des vertus de personne.

« Si je me suis fait comprendre, si on n'a pas oublié mes pre-
« miers raisonnements, si on se rappelle ce que j'ai dit, que la
« propriété était le fruit accumulé du travail, que si l'équité veut
« qu'on la respecte, l'intérêt social le veut encore davantage, car
« sans sécurité il n'y a pas de travail, sans travail il n'y a pas de
« prospérité publique, il y a *le moyen âge* ou *l'Orient*, si on a ces
« vérités présentes à l'esprit, on doit sentir que la propriété est
« aussi sacrée que la liberté, et qu'il faut des règles certaines pour

« l'une autant que pour l'autre, qu'en un mot, il faut des prin-
« cipes. *La proportionnalité est un principe,* mais *la progression*
« *n'est qu'un odieux arbitraire.* Les frais de la protection sociale
« représentent un dixième du revenu total, eh bien, soit, le
« dixième pour tous. Je comprends ce principe, car on payera en
« raison de ce qu'on aura coûté à la société, en raison du service
« qu'on en aura reçu, comme dans une Compagnie dont le capital
« est divisé par actions, s'il faut un prélèvement par action, on
« payera le même prélèvement par chaque action, qu'on en ait
« cent, qu'on en ait mille, ou cent mille. Exiger le dixième du re-
« venu pour l'un, le cinquième pour l'autre, le tiers pour un troi-
« sième, c'est du pur *arbitraire,* c'est de la *spoliation,* je le ré-
« pète. Vous me prendrez plus ou moins suivant votre humeur,
« mais je dépends de vous, comme *en Orient* on dépend d'un
« pacha, et *sur les grandes routes de la Calabre ou de la Cata-*
« *logne, d'un chef de bande.* Les chefs de bande ne sont pas tou-
« jours sans pitié. On en cite plusieurs en Italie et en Espagne, à
« qui de belles prisonnières avaient touché le cœur par leurs lar-
« mes, et qui leur rendaient leur argent, en respectant leur hon-
« neur et leur vie. Je n'ai jamais cependant entendu dire que *les*
« *grandes routes, la nuit, en certains pays, fussent la véritable*
« *image de l'état social,* et j'espère que de révolutions en révo-
« lutions nous n'en arriverons pas à ce degré d'intelligence des
« principes de justice et de liberté.

« Ainsi l'impôt proportionnel, c'est-à-dire l'impôt proportionné
« à la part des frais que la société est supposée avoir faits pour
« vous, au service que vous en avez reçu, comme en matière d'as-
« surance la prime est proportionnée à la somme assurée, rien de
« mieux ; j'aperçois là un principe. Mais faire payer plus de ces
« frais à l'un qu'à l'autre, par cette unique raison qu'on juge qu'il
« est trop riche, qu'il a trop pour vivre, ce n'est pas un principe,
« c'est un *arbitraire révoltant.* Je comprends la bienfaisance,
« je comprends que la société n'exige rien de l'indigent reconnu
« qu'on voit mendiant sur la route, ou souffrant de la faim dans son
« galetas, je suis cent fois de cet avis. Mais hors de là, il faut la
« règle pour tous ceux que la société n'a pas déclarés exempts de
« l'impôt à cause de leur misère. Je demande *bonté, bonté par-*
« *faite pour le pauvre,* et seulement justice pour le riche, mais
« justice enfin. C'est assurément une vertu d'aimer le pauvre ; ce
« n'en est pas une de haïr le riche. J'ai écrit cela une fois quelque

« part, moi qui ne suis pas riche, je l'ai écrit de conviction, car
« il ne faut pas qu'après avoir vu la société opprimée jusqu'en
« 1789 par la domination des hautes classes, nous la voyions op-
« primée, à partir de 1848, par la domination contraire. »

Voilà fidèlement le théorême de l'impôt *progressif direct*, à la
façon de notre économiste-géomètre.

Ne discutons point *sa progression tronquée* partant d'abord de
dix pour cent ; ne discutons point *sa définition de l'impôt progressif* tirée d'une pareille progression ; ne discutons point ses
comparaisons des gouvernements avec certains spéculateurs plus
ou moins honnêtes ; ne discutons point ses calculs interminables ;
ne discutons point ses allusions inconsidérées, ni ses invectives
furieuses. Pour quiconque a ses yeux pour voir, ses oreilles pour
entendre, son âme pour sentir, sa raison pour examiner, et sa
conscience pour juger, *ces sortes d'arguments* se rétorquent
d'eux-mêmes.

Mais discutons le théorème de l'impôt *proportionnel*, et le seul
argument que notre économiste-géomètre invoque et reproduit
sans cesse en faveur de ce théorème contre celui de l'impôt *progressif*.

Est-il vrai « que l'impôt doit être *proportionnel*, et non *pro-
« gressif*, par la raison *fort naturelle* que l'on doit concourir aux
« frais de la protection sociale suivant la quantité de biens protégée,
« de même que, dans une Compagnie d'assurance mutuelle contre
« l'incendie, on doit payer le risque en proportion de la somme de
« propriété assurée ? »

La raison de notre économiste-géomètre et sa comparaison
sont-elles, comme il le dit, « *fort naturelles ?* » Non, certes ! et
voici pourquoi.

Les besoins de chacun, non point ses besoins faux, ses besoins
factices, mais ses besoins vrais, ses besoins *naturels*, considérés
par rapport à sa vie entière, étant physiquement et moralement,
non point *proportionnels*, mais bien plutôt *égaux*, la loi sociale
doit, non point *proportionner*, mais bien plutôt *équilibrer* entre
eux les besoins de chacun et les moyens d'y satisfaire.

De plus, la loi sociale ayant évidemment pour but d'assurer
bien-être physique et moral du corps social en masse, aussi bien
que celui de chacun de ses membres, la loi sociale doit aussi, non
point *proportionner*, mais bien *équilibrer* entre eux les besoins
sociaux et les moyens d'y subvenir.

L'impôt du revenu, pour être *juste* et *naturel*, doit donc, non point *proportionner*, mais bien *équilibrer* entre eux, pour chacun et pour tous, les revenus et les impôts, c'est-à-dire *les droits et les devoirs de la propriété*, conformément à la loi *naturelle*.

Or, en géométrie, l'impôt *proportionnel* résout-il le problème? Evidemment non, puisque l'impôt *proportionnel*, en permettant, faute de contrepoids assez puissant pour l'empêcher, *l'accumulation indéfinie de la propriété pour quelques-uns*, permet aussi, par contre-coup, *le dénûment de presque tous.*

Mais l'impôt *progressif* pourrait-il le résoudre? Evidemment oui, puisque la simple inspection d'une échelle de progression régulière fait voir bien clairement que *les revenus et les impôts s'équilibreraient réciproquement, par leurs seuls contrepoids, à un centre commun d'attraction mutuelle, en raison directe des masses de revenus imposables, et inverse des carrés de leurs distances;* de même que, *suivant la loi générale de la nature, les corps célestes et tous les autres corps s'équilibrent réciproquement, par leurs seuls contrepoids, à un centre commun d'attraction mutuelle, en raison directe de leurs masses, et inverse des carrés de leurs distances.*

Donc le théorème de l'impôt *proportionnel*, à la façon de notre économiste-géomètre, est à peu près aussi savant que ses deux autres théorèmes.

Donc, en géométrie, l'impôt du revenu, pour être *juste* et *naturel*, doit être *progressif*, et non *proportionnel.*

Donc, par argument contraire, l'impôt *rétrograde, direct ou indirect, est l'injustice même, et le renversement de la loi naturelle.*

Tels sont d'ailleurs les trois théorèmes vraiment géométriques que nous avons démontrés dans le chapitre II de notre écrit intitulé *Problème de l'Impôt*, écrit que nous reproduisons à la suite de celui-ci, pour éviter, autant que possible, de nous y répéter.

CHAPITRE IV.

DES DIVERSES FORMES DE L'IMPÔT.

Que l'impôt, avec le temps, a pour tendance essentielle et utile de se diversifier à l'infini.

Ici, l'économiste-géomètre, après avoir rappelé son théorème de l'impôt *proportionnel*, avance que « si par exemple on parve-
« nait à savoir au juste ce que chacun retire ou de son travail, ou
« de ses capitaux, tant mobiliers qu'immobiliers, on pourrait, en
« demandant le cinquième, ou le dixième, ou le vingtième de cette
« somme, suivant les besoins de l'État, arriver *au plus équitable*
« de tous les impôts.

« Cependant, objecte-t-il, cet impôt est *une pure chimère*, car
« on ne connaît pas, on ne peut pas connaître d'une manière par-
« faitement exacte le revenu que chacun tire ou de ses biens ou de
« son travail. Les terres sont difficiles à évaluer. Veut-on un ca-
« dastre, ou registre descriptif des terres et des propriétés bâties,
« il est long et coûteux à dresser, il cesse à chaque instant d'être
« vrai, car ces terres changent continuellement ou d'état ou de
« maître. Se passe-t-on de cadastre, la valeur des propriétés reste
« alors absolument inconnue. Quant aux revenus des capitaux
« mobiliers, ils sont la plupart du temps ignorés ou insaisissables.
« On peut bien en frapper quelques-uns, comme les rentes sur
« l'État et les créances hypothécaires, parce que leur existence est
« constatée tant au grand livre de la dette publique que chez les
« notaires. Mais outre qu'il y a injustice à frapper certains capi-
« taux en laissant échapper les autres, on n'atteint pas son but,
« car c'est le propriétaire du revenu qu'on veut imposer, et il
« trouve, en exigeant un plus haut intérêt, le moyen de se sous-
« traire à l'impôt, et de le faire payer à l'emprunteur. On n'a
« réussi de la sorte qu'à élever l'intérêt de l'argent, tant pour l'État
« que pour les particuliers. Quant aux produits du travail indivi-
« duel, ils sont plus insaisissables encore, car qui peut dire ce que
« gagne un marchand, un avocat, un médecin, un banquier ?

« Cet impôt unique reposant sur les revenus exactement con-
« nus de chacun, est donc *un pur idéal impossible à réaliser.*

« C'est pour ce motif que les gouvernements ont repoussé l'im-
« pôt *direct* autant qu'il a dépendu d'eux, et plus ils ont eu

« affaire à un pays riche , plus ils ont eu recours à l'impôt *in-*
« *direct.* »

Nous avons démontré, dans l'examen du chapitre II, que les
profits du travail, n'étant que *les racines* et non *les fruits* de la
propriété, ne doivent être imposés ni *directement* ni *indirectement.*

Quant aux vrais revenus, c'est-à-dire quant aux *fruits* des capitaux immobiliers et mobiliers et à leurs mutations, soit person-
nelles , soit réelles , nous avons démontré dans les chapitres I et
IV du problème de l'impôt, qu'on pourrait les constater et les
connaître d'année en année, tant *activement* que *passivement,*
pour imposer les revenus *actifs,* et dégrever les revenus *passifs,*
d'une manière parfaitement exacte, parfaitement inéludable, parfaitement infaillible, *au moyen de cadastres ou de registres com-*
munaux tenus en parties doubles.

Nous avons enfin démontré dans les chapitres V et VI du même
écrit que, hormis l'impôt foncier, qui est *juste* quant à son assiette,
mais dont la répartition n'est point *progressive,* tous les impôts ,
soit *directs,* soit *indirects,* transmis par la monarchie à la République, sont *injustes* tout à la fois, et quant à leur assiette, et quant
à leur répartition.

Nous pouvons donc omettre la longue et sophistique apologie
que notre économiste-géomètre en fait dans le reste de son chapitre. Nous pouvons donc aussi conclure , comme du reste nous
l'avons encore démontré dans notre écrit, que l'impôt, loin de devoir, avec le temps, *se compliquer et se diversifier à l'infini,* doit
au contraire *se simplifier et se réduire à l'unité ,* c'est-à-dire à
l'impôt progressif sur le revenu net. Voilà l'économie vraiment
géométrique.

CHAPITRE V.

DE LA DIFFUSION DE L'IMPOT.

*Que l'impôt se répartit à l'infini, et tend à se confondre avec le
prix des choses, au point que chacun en supporte sa part, non
en raison de ce qu'il paye à l'État, mais en raison de ce qu'il
consomme.*

C'est dans ce long chapitre que notre économiste-géomètre
achève la démonstration lumineuse de son fameux théorème de
l'impôt *progressif indirect*, de cet impôt *si léger sur le pauvre*, et
si lourd sur le riche, de cet impôt *si généreux* « qu'il faut sincè-
« rement préférer (à l'impôt *direct*, surtout si cet impôt est *pro-
« gressif*,) par *habileté* autant que par *un genre de bonté* qui est
« dans *tous les cœurs honnêtes.* »
Pourtant, à cette démonstration déjà si brillante, il manquait un
dernier reflet qui la rendît resplendissante. Aussi, prodige de la
science ! l'économiste-géomètre compare-t-il son phénomène de
l'impôt *progressif indirect* au magnifique phénomène que la physique appelle *diffusion de la lumière* ; aussi l'appelle-t-il *diffusion
de l'impôt.*

Vraiment ! économiste-géomètre ! si, pour vous , *votre savante
diffusion* est *la lumière rayonnante, la lumière répercutée, la diffusion de la lumière,* pour les amis du naturel et du précis, *la
seule diffusion* que la lumière de la raison leur fasse voir bien clairement dans ce dédale obscur , c'est *une longue dissertation , un
ténébreux galimatias , un horrible phébus,* pour concilier deux
phénomènes qui sont entre eux *ce que le jour est à la nuit.*

CHAPITRE VI.

DU BIEN ET DU MAL A PRODUIRE PAR L'IMPOT.

Que les modifications au système des impôts, les plus désirables dans l'intérêt des classes laborieuses, ne sont pas celles qui sont le plus généralement proposées.

Tout ce chapitre n'est encore qu'une autre *obscurité*, qu'une autre *diffusion* tirée de la comparaison *du magnifique phénomène de la diffusion de l'impôt progressif indirect* avec *le magnifique phénomène de la diffusion de la lumière.*

L'économiste-géomètre croit y prouver, de par *cette sublime conception,* que la suppression des impôts *indirects* est le plus grand malheur que puisse éprouver le peuple, et qu'elle n'a jamais produit en France que deux résultats : « la banqueroute d'a- « bord, et l'obligation de les rétablir ensuite. » Mais il n'y prouve que deux choses : la première, que l'impôt *indirect* est un calcul *plus habile qu'honnête;* et la seconde, que si l'on veut s'en déli-vrer, il ne faut point commencer par abolir les impôts *indirects;* on échouerait encore, comme on l'a fait jusqu'à ce jour ; mais il faut d'abord, comme nous l'avons démontré dans le dernier chapitre de notre écrit, *substituer aux impôts directs un impôt progres-sif sur le revenu net, et n'abolir les impôts indirects qu'à me-sure que les bienfaits de cet impôt vraiment progressif le per-mettront.*

CHAPITRE VII.

CONCLUSION.

DU MAL DANS LE MONDE.

Qu'il y a dans la société une portion de mal que les gouvernements doivent s'attacher à réparer, et qu'il y en a une autre inhérente à la nature humaine, qu'aucune perfection imaginable dans les gouvernements ne saurait épargner aux hommes.

Enfin, voici la dernière, mais la plus longue des *diffusions* de notre économiste-géomètre.

Elle est d'autant plus longue, que, retournant en arrière, elle s'étend bien plus sur *le communisme et le socialisme, étrangers à l'impôt*, que sur *l'impôt lui-même.*

Toutefois, l'économiste-géomètre y avoue le mal au sommet, à la base, au centre, à tous les degrés de l'échelle sociale.

« Eh bien ! se demande-t-il, comment guérir ce mal ? Com-
« ment le convertir au bien ? Serait-ce en bouleversant les impôts,
« en ruinant les finances, en faisant renchérir le pain pour faire
« baisser le vin et l'eau-de-vie, qu'on pourrait supprimer les
« souffrances populaires ? Huit mois de misère n'ont-ils pas ré-
« pondu à cette vaine théorie ? Ne voit-on pas à travers l'impossi-
« bilité naturelle à ce projet, comme à tant d'autres, leur secret à
« tous, *le secret naïvement factieux, de flatter une classe très-
« peu nombreuse aux dépens de l'universalité du peuple ?* »

A défaut d'explications plus claires, plus nettes et plus précises dans la question et la réponse de notre économiste, *en ce qui touche l'impôt*, il faut les rechercher *dans la lettre et dans l'esprit de sa géométrie*, et les voici.

« Diminuer l'impôt *indirect*, [qui, suivant mon premier théo-
« rème, loin d'être *rétrograde*, est au contraire *progressif*,] pour
« augmenter l'impôt *direct*, [qui n'est, suivant mon deuxième
« théorème, ni *progressif*, ni *rétrograde*, mais bien *proportionnel*,
« ou convertir l'impôt *proportionnel* en impôt *progressif*, qui,
« suivant mon dernier théorème et les corollaires que j'en déduis
« ailleurs, loin d'être *progressif*, pourrait bien être *rétrograde*,]
« n'est donc pas un moyen aussi assuré qu'on l'imagine d'améliorer

« le sort des classes pauvres aux dépens des classes riches. Ce ré-
« sultat, on ne le peut trouver que dans *un équilibre savant,*
« maintenu avec courage. [Et certes, *ce savant équilibre,* on l'ob-
« tiendrait bien plutôt par l'impôt *indirect* que par l'impôt *direct,*
« puisque l'impôt *indirect,* loin d'être *rétrograde,* est au contraire
« *progressif,* tandis que l'impôt *direct,* lors même qu'il serait *pro-*
« *gressif,* pourrait bien être *rétrograde*]

« L'impôt *direct,* [lors même qu'il serait *progressif,* comme
« l'entendent les faux savants que je combats, et prélevé, non
« point sur *le travail* ou *ses profits,* mais sur *les fruits* des capi-
« taux immobiliers et mobiliers,] est incommode, parce qu'il va
« chercher le contribuable, pour exiger à tel jour, à telle heure,
« une somme que celui-ci n'a pas eu la précaution de mettre de
« côté, tandis que l'impôt *indirect,* [qui, je le répète, loin d'être
« *rétrograde,* est au contraire *progressif,*] confondu dans le prix
« de tout ce qui s'achète se paye insensiblement à mesure des
« consommations, et que le contribuable, [lors même qu'il ne pos-
« sède rien et manque de travail,] ne mange, ne boit pas une fois,
« ne porte pas un vêtement, que [*bonté ! bonté parfaite pour le*
« *pauvre !*] il ne soit forcé, [malgré son dénûment, malgré son
« manque de travail, malgré ses maladies, malgré ses infirmités,
« malgré les chômages, malgré les crises, malgré mille autres ac-
« cidents,] d'acquitter une partie de ses contributions, *sans le*
« *vouloir et même sans le savoir :* [tous arguments géométriques,
« non point *directement contraires,* mais *indirectement conformes*
« à ceux de mon fameux théorème de l'impôt *progressif indirect,*
« et prouvant surabondamment jusqu'à la dernière évidence que
« l'impôt *indirect,* loin d'être *rétrograde,* est au contraire *progres-*
« *sif,* et que dès lors l'impôt *indirect* doit être préféré *bien sincè-*
« *rement* à l'impôt *direct,* surtout si cet impôt est *progressif,*]
« par *habileté* autant que par *un genre de bonté* qui est *dans tous*
« *les cœurs honnêtes.* [Voilà donc, *en mon âme et conscience,*
« voilà ce que j'appelle, moi docte économiste, moi savant géomètre,
« moi qui ai mes deux manières de démontrer mes théorèmes, ma
« preuve *directe* et ma preuve *indirecte,* voilà ce que j'appelle, et
« sachez bien en profiter, *orgueilleux ignorants ! ambitieux im-*
« *posteurs !* oui, sachez bien en profiter ! voilà ce que j'appelle *ma*
« *preuve par l'absurde !*]

« L'impôt *indirect* [qui, je ne puis que trop le répéter, loin d'être
« *rétrograde,* est au contraire *progressif,*] est de plus l'impôt des

« pays avancés en civilisation, tandis que l'impôt *direct* [ou l'impôt
« *proportionnel*, et, à plus forte raison, l'impôt *progressif direct*,
« qui, je ne puis que trop le répéter non plus, loin d'être *pro-*
« *gressif*, pourrait bien être *rétrograde*,] est celui des pays bar-
« bares. Ainsi, tandis que la Turquie vit *du miri*, [espèce d'exac-
« tion foncière qu'on lève le bâton à la main], l'Angleterre vit de
« l'excise et des douanes [qui sont des impôts *indirects*, non *ré-*
« *trogrades*, mais *progressifs*,] après avoir aboli l'impôt *foncier*
« [qui, après tout, et malgré mon théorème de l'impôt *proportion-*
« *nel*, malgré ce théorème que je croyais d'abord si *vrai*, si *juste*
« et si *certain*, pourrait bien être *du miri*.]

« Vous vous trompez donc sur le moyen, [vous tous économistes
« ignorants, vous tous faux géomètres, qui demandez l'impôt *pro-*
« *gressif direct*, ou pour mieux dire, vous êtes des factieux, vous
« qui feignez d'être naïfs, mais qui savez tout comme moi, qui suis
« la candeur même, que l'impôt *progressif direct*, loin d'être *pro-*
« *gressif*, pourrait bien être *rétrograde*, et pourrait bien, par consé-
« quent, réaliser votre secret à tous, votre secret, mon ingénuité
« m'oblige à le redire,] *votre secret naïvement factieux de flatter*
« *une classe très-peu nombreuse aux dépens de l'universalité du*
« *peuple.*

« Répartissons autrement, s'il est possible, les charges sociales,
« et nous obéirons aux lois de notre être qui sont de viser sans cesse
« au perfectionnement. Le stationnement c'est la mort : la société
« doit être ce Juif-Errant qui marche, marche éternellement vers
« un bien inconnu. Oui, marchons, mais en marchant évitons les
« abîmes, *ne tournons pas le dos au but qu'il s'agit d'atteindre.*
« [Oui, mes impôts *progressifs indirects* y conduiraient *tout droit !*
« J'en jure par ma géométrie ! J'en jure par ma diffusion ! J'en jure
« par mes deux preuves ! Mais l'impôt *progressif direct*, mais ce
« déguisement de l'impôt *rétrograde*, où nous conduirait-il ? Ah !
« pauvre humanité ! j'en frémis d'épouvante ! Gare en arrière ! gare
« en avant ! gare à la nuit ! gare aux abîmes !]

« Dieu jusqu'ici n'a dispensé le bonheur qu'on poursuit par ce
« moyen si étrange, [l'impôt *progressif direct*,] qu'aux pays sages,
« bien gouvernés, respectant *les lois de la nature et de la raison*,
« [les impôts *progressifs indirects* diversifiés à l'infini].

« Diminuons donc, abolissons même l'impôt *foncier*, [ce genre
« *de miri*, surtout s'il était *progressif*,] au lieu de diminuer, au
« lieu d'abolir l'impôt des boissons, l'impôt du sel et tant d'autres

« impôts [non *rétrogrades*, mais *directement progressifs*, quoique
« *indirects*, et, par ce motif, *si légers sur le pauvre, et si lourds sur*
« *le riche.*]

« On croit que dans tous les temps les gouvernements n'ont
« songé qu'à accabler les peuples, à les pressurer, à décharger le
« riche pour soulager le pauvre. C'est là une parfaite ignorance de
« l'histoire. [Leur aversion bien prononcée pour l'impôt *pro-*
« *gressif direct*, pour ce déguisement de l'impôt *rétrograde ;* leur
« peu de goût pour les impôts *proportionnels*, pour ces espèces
» *de miris*, et leur prédilection si bien marquée pour les impôts
« *progressifs indirects* diversifiés à l'infini, pour ces impôts si vrais,
« si naturels, si généreux, sont des réponses péremptoires à cette
« indigne calomnie, à cette infâme accusation, et prouvent tout au
« contraire leur noble désintéressement, leur magnanime abné-
« gation].

« Il n'y a donc pas un sujet sur lequel la science économique
« du temps soit plus courte, plus fausse, qu'en matière d'impôts.
« [Non ! la véritable économie, l'économie géométrique, n'est pas
« dans l'unité d'impôt ! Elle n'est pas surtout dans l'impôt *progressif*
« *direct !* Elle est tout au contraire dans les impôts *progressifs*
« *indirects* diversifiés à l'infini ! J'ai démontré ces théorêmes *direc-*
« *tement* et *indirectement* avec tant d'évidence qu'on ne doit plus
« les discuter.

« Ainsi, point d'impôt *progressif direct !* Repoussons donc avec
« horreur ce monstrueux déguisement de l'impôt *rétrograde !*
« tant il est *arbitraire !* tant il est *odieux !* tant il est *révoltant !*
« tant il ressemble au *brigandage !* Que dis-je ? tant *son image est*
« *plus affreuse que celle des grandes routes de certains pays pen-*
« *dant la nuit !*

« Ne ménageons pas beaucoup plus l'impôt *proportionnel, cette*
« *pure chimère,* et notamment l'impôt *foncier,* ce genre *de miri !*

« Mais des impôts *progressifs indirects !* à la bonne heure ! oh !
« tant et plus ! Il n'y en a jamais de trop ! à l'infini ! à l'infini !
« Votons-les avec enthousiasme ! tant ils sont généreux ! tant ils
« sont *légers aux pauvres et onéreux aux riches !* Voilà *le vrai*
« *progrès !* voilà *la loi de la nature !* voilà *le vrai bonheur du*
« *peuple !* Témoin l'Angleterre ! témoin l'Irlande ! témoin tant de
« de pays heureux sous de si sages lois]

« Qu'on entre avec nous dans cette voie, et nous serons tous
« d'accord. Mais même quand nous aurons fait de notre mieux,

« quand nous aurons réussi, il restera toujours à faire, et, de
« même qu'après tous les biens de la première révolution fran-
« çaise actuellement réalisés, on vient après quarante ans d'amé-
« liorations certaines, incontestables, nous assaillir d'un cri de ma-
« lédiction, nous dire que l'humanité souffre, expire dans la dou-
« leur, et qu'elle va se soulever contre nous si nous ne la soulageons
« immédiatement, de même eussions-nous dans cinquante ans, [à
« force d'impôts *progressifs indirects*] doublé les salaires, diminué
« encore des trois quarts le prix des choses nécessaires à la vie, ré-
« pandu le froment et la viande dans les campagnes, neutralisé le chô-
« mage dans les villes, comme nous avons déjà presque neutralisé
« les disettes dans l'agriculture, qu'on trouverait encore assez de
« maux pour fournir à des perturbateurs des prétextes suffisants de
« dire tout ce qu'ils disent aujourd'hui, [peut-être même davan-
« tage, les ingrats ! les insatiables !] car avec moitié plus de bien-
« être qu'en 1789, on invective cent fois plus contre la société
« qu'à cette époque. C'est qu'il y a toujours dans la condition
« sociale, [et non point dans les impôts *progressifs indirects*,] un
« fonds irréparable de mal dont il faut tenir compte, et qu'il ne
« faut pas exagérer, si on ne veut pas pousser l'homme au déses-
« poir, la société au suicide !

« Certainement il y a du mal, beaucoup de mal, il faut en di-
« minuer la somme , il faut convertir ce pain noir en pain blanc,
« ces légumes arrosés d'un peu de lard en viande, ces haillons en
« un bon vêtement , cette chaumière fétide en une maison bien
« bâtie, cette ignorance brutale en douce intelligence des choses,
« cette stupide envie en une fraternité sincère, mais il faut en
« prendre le temps, et y procéder par *des moyens éprouvés*, [les
« impôts *progressifs indirects passés et présents*,] ce qui n'exclut
« pas *les moyens nouveaux*, [les impôts *progressifs indirects fu-
« turs.*] Il faut pourtant ne pas laisser ignorer à ce peuple que,
« même après avoir opéré tous ces changements, son cœur restera
« plein de douleurs quelquefois intolérables. [Et savez-vous pour-
« quoi ?] c'est qu'il y a pour tous une somme inévitable de dou-
« leurs qui est *dans l'essence même de l'âme humaine*, [et non
« point *dans nos lois*, non point surtout dans les impôts *progres-
« sifs indirects,* non point même *dans l'esclavage*,] que le riche
« ne lui a pas envoyée, [tant s'en faut, et ces impôts *si fraternels*
« en sont les preuves], que Dieu seul, [il m'a prié de le lui dire],
« mit en lui comme le ressort qui devait le tirer de l'inaction pour

« le précipiter dans l'action, c'est-à-dire dans la vie, [et non point
« dans les révolutions ni dans la mort.]

« Ce n'est pas l'indifférence aux maux du peuple que j'invoque,
« [j'y compatis trop bien], c'est la juste appréciation de ces maux,
« et le discernement, l'application des vrais remèdes, [que je con-
« nais mieux que personne.

« Or, Dieu m'a donné la parole, non point pour *déguiser ma*
« *pensée* sous *des phrases trompeuses*, sous *d'astucieux so-*
« *phismes*, sous *de honteux calculs*, mais pour la dire *franche-*
« *ment, loyalement, géométriquement.*

« Aussi voilà pourquoi, dans mon théorème de l'impôt *progres-*
« *sif indirect*, j'ai démontré *la vérité.*

« Aussi voilà pourquoi, dans mon théorème de l'impôt *propor-*
« *tionnel*, j'ai détrompé *les utopistes.*

« Enfin voilà pourquoi, dans mon théorème de l'impôt *progres-*
« *sif direct*, j'ai démasqué *la fourberie.* »

Gloire éternelle à vous, économiste-géomètre !

FIN DE LA DÉFENSE DE L'IMPOT PROGRESSIF.

PROBLÈME

DE

L'IMPOT

RÉSOLU

MATHÉMATIQUEMENT

EN THÉORIE ET EN PRATIQUE.

PAR

Cʜ. DANRÉ, Aɴᴄɪᴇɴ Nᴏᴛᴀɪʀᴇ.

———————⋅◦⋅———————

TYPOGRAPHIE DE APPERT FILS ET VAVASSEUR,
PASSAGE DU CAIRE, 54.

PROBLÈME DE L'IMPOT.

CHAPITRE PREMIER.

NOTIONS PRÉLIMINAIRES.

En principe, l'impôt présente deux aspects : son assiette et sa répartition.

PREMIER ASPECT. — ASSIETTE DE L'IMPÔT.

En équité, *point de fortune, point d'impôt.*

Donc, en équité, l'unique assiette de l'impôt doit être *la fortune.*

La fortune est la somme des revenus actifs sans revenus passifs, ou l'excédant de la somme des revenus actifs sur la somme des revenus passifs d'un propriétaire de capitaux immobiliers ou mobiliers.

Les revenus immobiliers sont les produits des biens immeubles évalués par des cadastres communaux.

En cas de mutation, ces revenus sont actifs pour les acquéreurs, et passifs pour les transmettants.

Donc, en portant les mutations immobilières, d'année en année, sur les matrices cadastrales, d'une part à l'actif des acquéreurs, et de l'autre au passif des transmettants, on connaîtrait, d'année en année, dans les communes de la situation des propriétés, les revenus immobiliers, soit actifs, soit passifs, de chaque titulaire, et par conséquent leurs différences ou *les revenus nets*.

Quant au total des revenus immobiliers que des propriétaires pourraient posséder, tant dans les communes de leurs domiciles, que dans d'autres communes, on l'obtiendrait, d'année en année, dans les communes des domiciles des propriétaires, savoir : celui des revenus internes, par les matrices cadastrales ; et celui des revenus externes, par *des matrices communales de revenus externes*, qu'on formerait au moyen de certificats envoyés des communes de la situation des propriétés aux communes des domiciles des propriétaires, et de contre-certificats d'immatriculation envoyés des communes des domiciles des propriétaires aux communes de la situation des propriétés.

Si des propriétaires de biens situés en France étaient domiciliés en pays étrangers, ou n'avaient pas en France un domicile fixe, les certificats et contre-certificats d'immatriculation s'échangeraient entre les communes de la situation des propriétés, et un bureau d'absence ouvert au ministère des finances, où l'on tiendrait *une matrice immobilière de revenus d'absents*.

Les revenus mobiliers sont les intérêts des créances perpétuelles, viagères ou temporaires, soit sur l'État, soit sur particuliers, soit sur tous autres.

Dans tous les cas, ces revenus sont actifs pour les créanciers, et passifs pour les débiteurs.

Donc, en portant les créances et les dettes et leurs mutations, d'année en année, sur *des matrices communales*, d'une part à l'actif des créanciers, et de l'autre au passif des débiteurs, on connaîtrait, d'année en année, les revenus mobiliers, soit actifs, soit passifs, de chaque titulaire, et par conséquent leurs différences ou *les revenus nets*.

L'immatriculation des créances se ferait, à la réquisition des créanciers, dans les communes de leurs domiciles, à peine de suspension du paiement des intérêts par les débiteurs, pour garantir, d'une part la déduction des revenus passifs des débiteurs, et d'autre part l'imposition des revenus actifs des créanciers.

Quant à l'immatriculation des dettes, elle serait la suite de celle des créances, et se ferait, savoir : dans les mêmes communes que celle des créances, si les débiteurs étaient domiciliés dans les mêmes communes que les créanciers ; et dans le cas contraire, dans les communes des domiciles des débiteurs. Dans ce dernier cas, l'immatriculation se ferait au moyen de certificats envoyés des communes des domiciles des créanciers aux communes des domiciles des débiteurs, et de contre-certificats envoyés des communes des domiciles des débiteurs aux communes des domiciles des créanciers.

Si des créanciers de débiteurs domiciliés en France étaient domiciliés en pays étrangers, ou n'avaient pas en France un domicile fixe, l'immatriculation des créances se ferait au bureau d'absence ouvert au ministère des finances, où l'on tiendrait *une matrice mobilière de revenus d'absents*. Dans ce cas, l'immatriculation des dettes aurait lieu dans les communes des domiciles des débiteurs, au moyen de certificats et contre-certificats échangés entre le bureau d'absence et ces communes.

Par ces doubles moyens, on connaîtrait exactement, d'année en année, l'assiette de l'impôt.

DEUXIÈME ASPECT. — RÉPARTITION DE L'IMPÔT.

En fait, l'impôt, ou le taux proportionnel de sa répartition, peut être, ou *progressif,* ou *rétrograde,* ou *invariable.*

L'impôt *progressif* est celui dont le taux proportionnel de répartition, d'abord très faible, augmente à mesure que la fortune augmente. Tel serait, par exemple, un impôt d'un seul décime sur un revenu de cent francs, de deux décimes par cent francs sur un revenu de deux cents francs, de trois décimes par cent francs sur un revenu de trois cents francs, et ainsi de suite, en augmentant toujours le taux proportionnel de la répartition d'un décime par cent francs de revenu, depuis la base de l'échelle de progression jusqu'à son sommet, qui, dans l'espèce, serait, *sauf des modifications transitoires *,* de cent francs par cent francs sur un revenu de cent mille francs et plus.

L'impôt *rétrograde,* au contraire, est celui dont le taux proportionnel de répartition, d'abord excessif, diminue à mesure que la fortune augmente. Tels sont, à défaut d'exemple d'impôts *rétrogrades* directement assis et répartis sur *la fortune de chacun* ou *son revenu net,* les innombrables impôts *fixes* mis indirectement, non-seulement en France, mais dans tout notre globe, sur la nourriture, le logement, le vêtement, les besoins, les né-

---

* Lisez la note page 37.

cessités, les charges, les emprunts, les dettes, les saisies, les accidents et les malheurs, ou *l'infortune et la misère*. Il est clair, en
effet, que des impôts *fixes*, quelles qu'en soient les *quotités*, pèsent *mille fois plus* sur des revenus de cent francs que sur ceux de
cent mille francs ; et que de tels impôts, *très légers* pour des millionnaires, *écrasent* ceux qui vivent, non point de revenus, mais
de travail et d'industrie.

Enfin, l'impôt *invariable* est celui dont le taux proportionnel
de répartition est égal sur *toutes les fortunes*. Tel serait, par
exemple, un impôt de cinquante pour cent sur *tous les revenus*,
quelque petits ou quelque grands qu'ils fussent.

Voilà donc, *en fait*, trois impôts différents, dont le second s'é-
tend partout, *sous des milliers de formes*.

CHAPITRE II.

PROBLÈME SOCIAL.

Mais, *en droit*, l'impôt devant être *un et juste*, c'est-à-dire,
devant *équilibrer entre eux, par leurs seuls contre-poids*, A UN
CENTRE COMMUN D'ATTRACTION MUTUELLE, *les revenus et les impôts*,
pour assurer la conservation et le bien-être physique et moral
du corps social et de tous ses membres :

Quel est celui des trois impôts qui produirait *cet équilibre?*
Quel est, au contraire, celui qui *le* détruit?
Quel est, enfin, *l'effet* du troisième impôt?

SOLUTION MATHÉMATIQUE.

La solution de ce triple problème dépend de la démonstration
des trois théorèmes suivants :

PREMIER THÉORÈME. — DE L'IMPÔT PROGRESSIF.

L'impôt progressif est la loi de l'équilibre réciproque des re-
venus et des impôts, A UN CENTRE COMMUN D'ATTRACTION MUTUELLE,
et, en général, la loi du Bien individuel et social.

Soit, en effet, une progression d'un décime par cent francs, réduite, pour mieux en montrer l'ensemble, à dix pour cent par
10,000 francs de revenu, conformément à l'échelle qui suit :

REVENUS imposables.	IMPÔT PROGRESSIF.		REVENUS restants.	NOTES.
	taux.	cotes.		
0	0	0	0	Base vraie.
10,000	10	1,000	9,000	
20,000	20	4,000	16,000	LES CONTRE-POIDS
30,000	30	9,000	21,000	
40,000	40	16,000	24,000	**Centre**
50,000	*50	25,000	25,000	d'attraction & d'équilibre.
60,000	60	36,000	24,000	
70,000	70	49,000	21,000	FONT L'ÉQUILIBRE.
80,000	80	64,000	16,000	
90,000	90	81,000	9,000	
100,000	100	100,000	0	Sommet vrai.

La simple inspection de cette échelle démontre que *les revenus et les impôts s'équilibrent entre eux, par leurs seuls contre-poids,* AU CENTRE D'ATTRACTION DE LA PROGRESSION, *en raison directe des masses de revenus imposables, et inverse des carrés de leurs distances.*

Or, ce double équilibre apparaît clairement AU CENTRE D'ATTRACTION de toute progression entière et régulière.

Donc *l'impôt progressif est la loi de l'équilibre réciproque des revenus et des impôts,* A UN CENTRE COMMUN D'ATTRACTION MUTUELLE, *et, en général, la loi du Bien individuel et social.*

* NOTE IMPORTANTE.

Les modifications transitoires de cette progression pourraient consister :

D'abord, à limiter l'accroissement de son taux primitif à 50 p. %;

Ensuite, à réduire ce taux, au-delà de 50, à 1 centime, puis à 2, puis à 3, puis à 4 centimes, et ainsi successivement jusqu'au décime par 100 francs;

Enfin, à ne pousser ce taux jusques à 100 p. %, qu'à l'époque où ce dernier taux dépasserait, et de beaucoup, les plus grandes fortunes.

Ainsi, *par transition*, les progressions auraient pour but, bien moins de diviser les plus grandes fortunes, que de les limiter *par degrés insensibles;* ce qui, du reste, est *juste :* car la fortune limitée est l'aisance pour tous; mais la fortune illimitée est l'opulence pour les uns, et l'indigence pour les autres.

DEUXIÈME THÉORÈME. — DE L'IMPÔT RÉTROGRADE

L'impôt rétrograde est la loi de l'inéquilibre réciproque des revenus et des impôts, A UN CENTRE COMMUN DE RÉPULSION MUTUELLE, *et, en général, la loi du Mal individuel et social.*

Soit, en effet, une rétrogradation d'un décime par cent francs, réduite, pour mieux en montrer l'ensemble, à dix pour cent par 10,000 francs de revenu, conformément à l'échelle qui suit :

REVENUS imposables.	IMPÔT RÉTROGRADE.		REVENUS restants.	NOTES.
	taux.	cotes.		
0	100	0	0	Base fausse
10,000	90	9,000	1,000	
20,000	80	16,000	4,000	SANS CONTRE-POIDS,
30,000	70	21,000	9,000	
40,000	60	24,000	16,000	Centre
50,000	50	25,000	25,000	de répulsion & d'inéquilibre.
60,000	40	24,000	36,000	
70,000	30	21,000	49,000	
80,000	20	16,000	64,000	POINT D'ÉQUILIBRE.
90,000	10	9,000	81,000	
100,000	0	0	100,000	Sommet faux.

La simple inspection de cette échelle démontre que *les revenus et les impôts s'inéquilibrent entre eux, faute de contre-poids*, AU CENTRE DE RÉPULSION DE LA RÉTROGRADATION, *en raison directe des carrés des distances des revenus imposables, et inverse de leurs masses.*

Or, ce double inéquilibre apparaît clairement AU CENTRE DE RÉPULSION de toute rétrogradation entière et régulière.

De plus, il est tout aussi clair que le plus monstrueux des impôts rétrogrades, c'est *l'impôt indirect,* ou *l'impôt établi sur l'infortune et la misère.*

Donc *l'impôt rétrograde direct,* et, à plus forte raison, *l'impôt rétrograde indirect, est la loi de l'inéquilibre réciproque des*

revenus et des impôts, A UN CENTRE COMMUN DE RÉPULSION MU-
TUELLE, *et, en général, la loi du Mal individuel et social.*

TROISIÈME THÉORÈME. — DE L'IMPÔT INVARIABLE.

*L'impôt invariable est la loi de la coexistence et de l'égalité du
Bien et du Mal individuel et social.*

Car il est évident que l'impôt invariable est le terme moyen de
l'impôt progressif et de l'impôt rétrograde.

CONCLUSION.

Donc, *en droit :*
L'impôt progressif est la loi du Bien ;
L'impôt rétrograde, la loi du Mal ;
Et *l'impôt invariable, la loi de la coexistence et de l'égalité
du Bien et du Mal individuel et social.*

CHAPITRE III.

EFFETS MATHÉMATIQUES DE L'IMPOT PROGRESSIF.

PREMIER EFFET. — SUR LES BIENS IMMEUBLES.

L'impôt progressif, *en équilibrant entre eux, par leurs seuls
contre-poids,* A UN CENTRE COMMUN D'ATTRACTION MUTUELLE, *les revenus et les impôts immobiliers,* pourrait donc partager un globe,
en autant de fonds industriels de tous genres, *équilibrés entre
eux,* qu'il y aurait de familles composant sa population.

Or, la surface partageable et impartageable de notre globe
étant de 51 milliards d'hectares au moins, et sa population d'un
milliard d'habitants ou de cent millions de familles au plus, *la
part divise et indivise de chaque famille dans la surface de ce
globe équivaudrait,* en moyenne, *à 510 hectares au moins.*

*A l'égard des objets affectés à l'exploitation des fonds indus-
triels,* ils deviendraient, sans exception, *immeubles par destina-
tion :* car il est évident que, du jour où les fonds industriels
seraient *équilibrés pour toutes les familles,* ils seraient exploités,
non plus par des locataires, fermiers et autres détenteurs pré-
caires, mais *par les familles propriétaires.*

L'impôt progressif, *en équilibrant universellement les fonds
industriels, en principal et accessoires,* affranchirait donc les fa-

milles de tous loyers, fermages et autres charges locatives, et leur permettrait de produire, vendre, acheter, échanger et consommer, dans la plus grande abondance possible, toutes les choses, soit nécessaires, soit utiles, soit agréables à la vie.

De là, l'organisation naturelle du travail.

De là, l'extinction du paupérisme et toutes ses conséquences.

DEUXIÈME EFFET. — SUR LES BIENS MEUBLES.

En ce qui touche les créances perpétuelles, viagères ou temporaires, soit sur l'État, soit sur particuliers, soit sur tous autres, il n'y a point de revenus actifs sans revenus passifs.

Or, en pratique, la déduction des revenus passifs garantirait l'imposition des revenus actifs.

De plus, l'imposition des revenus actifs et la déduction des revenus passifs, *en équilibrant les créances et les dettes*, permettraient aux débiteurs de rembourser leurs créanciers.

L'impôt progressif affranchirait donc aussi les débiteurs, sans nuire aux créanciers.

Quant aux meubles meublants et autres, ils ne sont point imposables : car, loin de produire *des revenus actifs*, ils exigent, au contraire, *des frais d'entretien et de remplacement*.

TROISIÈME EFFET. — SUR LE NUMÉRAIRE.

Le numéraire, soit réel, soit fictif, n'est, par son emploi, qu'*un instrument d'échange*, et ne produit, par lui-même, aucun revenu. Par conséquent, il n'est point imposable.

Mais l'impôt progressif, étant une loi *juste* et tout-à-fait conforme à la loi naturelle, ferait circuler l'or et l'argent dans le corps social et au profit de toutes les familles, non plus *par emprunt et escompte*, mais *par échange*, et aussi bien que la loi naturelle fait circuler la sève dans les plantes, le sang dans les corps animés, et les planètes dans l'espace.

QUATRIÈME EFFET. — SUR L'IMPÔT EN LUI-MÊME.

L'impôt progressif, bien loin d'être, comme nos innombrables impôts rétrogrades, *une charge écrasante et un gouffre de misères et de privations pour presque tous*, serait, au contraire, *un placement très productif et une source de richesses et de jouissances infinies pour toutes les familles :*

Car, d'une part, si toutes les familles étaient propriétaires de vastes fonds industriels *équilibrés entre eux*, c'est-à-dire, produisant des revenus égaux et payant des impôts égaux, les revenus restants *équivaudraient aux revenus entiers ;*

Et, d'autre part, l'impôt progressif, en permettant bientôt d'employer son produit intégral à des travaux publics, refluerait continuellement vers sa source, et accroîtrait sans cesse les produits des fonds industriels et ses propres produits.

CINQUIÈME EFFET. — SUR SON APPLICATION.

Enfin, l'impôt progressif serait *inéludable :* car, en pratique, la déduction des revenus passifs des transmettants ou débiteurs garantirait l'imposition des revenus actifs des acquéreurs ou créanciers, ainsi qu'on va le démontrer dans la question des mutations.

CHAPITRE IV.

QUESTION DES MUTATIONS.

L'impôt progressif, *en équilibrant entre eux, par leurs seuls contre-poids*, A UN CENTRE COMMUN D'ATTRACTION MUTUELLE, *les revenus et les impôts*, ne permettrait-il pas un jour d'opérer les mutations des propriétés immobilières et mobilières, soit entre vifs, soit par décès, sans des formalités nombreuses, compliquées et coûteuses?

Oui : car, pour les mutations immobilières, il suffirait un jour de les porter gratuitement, *au passif* des transmettants *et à l'actif* des acquéreurs, sur les matrices cadastrales.

Quant aux mutations mobilières, si l'impôt progressif n'éteignait pas absolument les dettes, il suffirait aussi de les porter gratuitement, *au passif* des débiteurs *et à l'actif* des créanciers, sur des matrices communales.

Les propriétés immobilières et mobilières des personnes, et tous leurs revenus, soit *actifs*, soit *passifs*, et, par suite, leurs *différences* ou *les revenus nets*, seraient donc constatés par des registres communaux, tenus *en parties doubles*.

Or, *dans chaque article double, une erreur de calcul ne pouvant subsister, sans rompre l'équation d'un droit et d'un devoir*, la *juste* déduction des revenus passifs garantirait la *juste* imposition des revenus actifs, et réciproquement, la *juste* imposition des revenus actifs garantirait la *juste* déduction des revenus passifs de chaque titulaire.

De là, *l'infaillibilité pratique de l'impôt progressif.*

De là, la réforme notariale et judiciaire, et la possibilité de racheter tôt ou tard tous les offices ministériels.

CHAPITRE V.

QUESTION SUR LES IMPOTS ÉTABLIS EN FRANCE.

Les impôts *directs et indirects*, transmis par la Monarchie à la République, sont-ils *justes,* et quant à leur assiette, et quant à leur répartition?

En ce qui touche l'impôt foncier, il est *juste* quant à son assiette, *les revenus fonciers :* car les revenus fonciers sont, par leur nature, *des revenus actifs.* Mais, quant à sa répartition, l'impôt foncier est *injuste :* car il n'est point *progressif.*

En ce qui touche l'impôt des portes et fenêtres, il est *injuste* quant à son assiette, et à l'égard des propriétaires, et à l'égard des locataires : car, à l'égard des propriétaires, on ne doit point imposer les parties de leurs maisons, après avoir imposé leurs maisons entières ; et, à l'égard des locataires, leur qualité les oblige à payer *des loyers,* qui sont *des charges,* ou *des impôts à cent pour cent.* L'impôt des portes et fenêtres est encore *injuste* quant à sa répartition : car il est *fixe,* ou *à peu près fixe,* et partant *rétrograde.*

En ce qui touche la contribution personnelle, elle est *injuste* quant à son assiette, *trois journées de travail :* car *le travail* n'est point *la fortune,* mais *un moyen de l'acquérir.* Quant à sa répartition, la contribution personnelle est encore *injuste :* car, encore bien que le prix de la journée de travail puisse varier de cinq à quinze décimes de commune à commune, la contribution personnelle n'en est pas moins dans chaque commune *une capitation,* ou *un impôt fixe,* et partant *un impôt rétrograde.*

En ce qui touche la contribution mobilière, elle est *injuste* quant à son assiette, *les meubles meublants :* car *les meubles meublants,* loin de produire *des revenus actifs,* exigent, comme on l'a déjà dit, *des frais d'entretien et de remplacement.* La contribution personnelle n'est pas moins *injuste* quant à sa répartition, encore bien qu'elle soit *progressive :* car la progression est établie, non point *sur la fortune,* mais *sur des charges locatives.*

En ce qui touche l'impôt des patentes, il est *injuste* quant à son assiette, *l'industrie :* car *l'industrie* n'est point *la fortune,* mais *un moyen de l'acquérir.* Il est encore *injuste* quant à sa répartition. En effet, il prend trois droits : deux *fixes,* ou *rétrogrades ;* et un *proportionnel,* non point *à la fortune,* mais *à des charges locatives.* Remarquons au surplus, à l'occasion de ces prétendus droits, que les possesseurs de fonds industriels en sont, ou les propriétaires, ou seulement les locataires. S'ils en sont les propriétaires, l'impôt foncier, tout seul, leur confère le droit d'en tirer tous les produits possibles, sans des impôts industriels. Autrement, tous ces impôts industriels sont de nouveaux impôts fonciers. S'ils n'en sont que les locataires, ils ne sont plus imposables : car, nous le répétons, *des loyers à payer sont des impôts à cent pour cent.*

En ce qui touche les droits d'enregistrement, de timbre, de greffe, d'hypothèques et autres perceptions diverses, ils sont tous *injustes* quant à leur assiette : car ils frappent, dans tous les cas, *des accidents ou des malheurs,* ou *le contraire de la fortune.* Ils sont encore *injustes* quant à leur répartition : car ils sont : ou *fixes,* et partant *rétrogrades ;* ou *proportionnels à des capitaux,* et partant *excessifs.* Il est clair, en effet, que des impôts portés jusques à dix pour cent sur des biens produisant à peine deux pour cent, enlèvent *cinq années* du produit de ces biens.

Enfin, *en ce qui touche les droits d'octrois, les droits de douanes et les impôts indirects proprement dits,* ils sont *injustes* quant à leur assiette, *la consommation :* car *la consommation* est *un besoin,* ou *le contraire de la fortune.* Ils sont encore *injustes* quant à leur répartition : car, non-seulement tous ces impôts sont *fixes,* mais ils frappent avec bien plus de rigueur *tous les objets les plus indispensables à la vie des classes pauvres ou peu fortunées,* que *les objets d'agrément et de luxe à l'usage des classes opulentes :* ce qui les rend *doublement rétrogrades.*

CHAPITRE VI.

IMPOT UNIQUE.

Hormis l'impôt foncier, qui est *juste* quant à son assiette, mais dont la répartition n'est point *progressive,* tous nos impôts, soit directs, soit indirects, sont *injustes* tout à la fois, et quant à leur assiette et quant à leur répartition, comme on vient del e démontrer.

A l'extrême rigueur, tous nos impôts devraient donc être immédiatement remplacés par *un seul impôt progressif sur les revenus immobiliers et mobiliers.*

Mais alors, quelle serait la progression capable de donner tout d'abord, un produit égal à leur produit de 1,500,000,000, au moins? Comment prendre, comment combiner à coup sûr les mesures que nécessiterait un changement si subit, si complet, et si vaste? Comment prévoir, comment empêcher les perturbations qu'il pourrait produire à l'intérieur et à l'extérieur? Une telle entreprise effraierait les esprits les plus hardis; et, pour nous, le succès nous en paraît tout-à-fait impossible. Mais ce qui, loin de nous paraître imprudent et dangereux, nous paraît, au contraire, et prudent et urgent, vu *l'inéquilibre des budgets, et les besoins publics,* c'est de *substituer un impôt progressif sur les revenus immobiliers et mobiliers, aux impôts directs établis en France.* Leur produit total n'excédant guère 400,000,000, somme évidemment très-faible par rapport à la masse imposable des revenus immobiliers et mobiliers de la France entière, il est évident qu'une progression, quoique *très modérée et transitoirement modifiée au-delà de son degré central*,* produirait aisément une somme égale et même supérieure.

Or, d'une part, ce premier changement, en soulageant immédiatement l'industrie agricole, manufacturière et commerciale, sans surcharger l'opulence oisive, accroîtrait rapidement, d'année en année, le capital et le produit des fonds industriels, et, par suite, le produit des progressions. D'autre part, l'impôt progressif, en ramenant naturellement l'aisance, la justice et l'ordre

---

* Qu'on n'oublie point la note page 57.

dans la société, la soulagerait encore rapidement, d'année en année, de la majeure partie de ses charges actuelles, presque toutes accidentelles et occasionnées par le malaise, l'injustice et le désordre dont l'impôt rétrograde est la cause première.

L'augmentation rapide du produit des progressions et la diminution analogue des charges sociales équilibreraient donc d'abord *les budgets, et permettraient* bientôt après *l'abolition successive des impôts indirects, et l'extinction graduelle de la dette publique.*

Quant à l'ordre à observer dans l'abolition des impôts indirects, nous pensons, sauf les modifications que l'expérience pourrait indiquer, qu'on devrait supprimer :

En premier lieu, *les droits de timbre, de greffe, d'hypothèque s et autres perceptions diverses,* afin de réduire d'abord à un seul, celui de *l'enregistrement,* tous ces impôts cumulés sur les actes.

En second lieu, *tous les droits fixes d'enregistrement,* et, parmi les droits proportionnels, *ceux qui sont assis sur les baux, les emprunts, les dettes, les condamnations et autres charges pécuniaires,* parce que ces droits fixes et proportionnels d'enregistrement, accumulés avec ceux de timbre, de greffe, d'hypothèques et autres perceptions diverses, sur *des accidents et des malheurs,* achèvent fréquemment la ruine réciproque des locataires et des propriétaires, des débiteurs et des créanciers.

En troisième lieu, *les droits proportionnels d'enregistrement des mutations par décès,* parce que les circonstances qui précèdent, accompagnent et suivent les décès, nécessitent toujours bien d'autres sacrifices.

A l'égard des droits proportionnels d'enregistrement des mutations entre vifs, on devrait bien se garder de les abolir prématurément : car, jusqu'à ce que l'équilibre réciproque des revenus et des impôts fût devenu parfait, ces droits compenseraient *les diminutions que la division frauduleuse des fortunes pourrait occasionner dans le produit des progressions.* On pourrait seulement modérer, d'année en année, les plus excessifs.

En quatrième lieu, *les impôts indirects sur les produits nationaux,* parce que leur suppression achèverait de relever l'industrie nationale, et lui donnerait sur l'industrie étrangère des avantages économiques tellement grands, que, malgré les douanes et les barrières, les Pouvoirs étrangers seraient bientôt contraints de supprimer aussi les impôts rétrogrades dans leurs propres pays, et de les remplacer par l'impôt progressif.

En cinquième lieu, *les impôts indirects sur les produits étran-gers*, parce que la suppression générale des impôts indirects sur les produits nationaux et leur remplacement par l'impôt progres-sif, augmenteraient tellement l'aisance et la consommation dans notre globe entier, que sa production actuelle ne pourrait y suf-fire, et que, pour y suppléer, il faudrait, non-seulement augmen-ter partout la puissance de l'industrie agricole et manufacturière, mais encore y proclamer *la liberté commerciale*.

Et, en dernier lieu, *les droits proportionnels d'enregistrement des mutations entre vifs*, parce que l'administration publique doit constater les mutations, soit entre vifs, soit par décès, non point pour imposer ces mutations, mais pour connaître exactement l'assiette de l'impôt.

En vue de ces effets, et pour en obtenir la réalisation légale, nous proposons aux contribuables la pétition dont voici le projet :

PÉTITION

POUR

L'IMPOT PROGRESSIF

SUR

LE REVENU NET.

CITOYENS REPRÉSENTANTS,

LES SOUSSIGNÉS,

Vu *les impôts directs et indirects*, transmis par la Monarchie à la République,

EN FAIT.

Considérant, quant à leur *assiette*, que *ces impôts* sont établis, bien moins sur *la fortune de chacun*, ou *son revenu net*, que sur les aliments, le logement, le vêtement, les besoins, les nécessités, les charges, les emprunts, les dettes, les saisies, les faillites, les accidents et les malheurs, ou *l'infortune et la misère*;

Considérant, quant à leur *répartition*, que ces *nombreux impôts* sont, presque tous, *fixes*, ou mille fois plus lourds *proportionnellement* sur des revenus de 100 fr. que sur ceux de 100,000 fr. ; et que, par conséquent, *ces impôts rétrogrades*, très légers pour des millionnaires, écrasent ceux qui vivent, non point de revenus, mais des profits de leur travail ;

Considérant, quant à son *résultat*, que *l'impot rétrograde*, est *l'injustice même,* en ce qu'il a pour double effet d'accumuler à l'infini, *faute de contrepoids,* les revenus sur quelques-uns, et les impôts sur presque tous ;

EN DROIT.

Considérant que, sous la République, *l'impot du revenu* doit être *unique et juste,* ou doit *équilibrer,* pour chacun et pour tous, les revenus et les impôts, *par leurs seuls contre-poids,* A UN CENTRE COMMUN D'ATTRACTION MUTUELLE ;

EN THÉORIE.

Considérant que, pour *équilibrer,* pour chacun et pour tous, les revenus et les impôts, *par leurs seuls contre-poids,* A UN CENTRE COMMUN D'ATTRACTION MUTUELLE, *l'impot du revenu,* loin d'être *rétrograde,* doit être *progressif ;*

EN PRATIQUE.

Considérant, enfin, que *l'impot progressif sur le revenu net* serait *inéludable,* en ce que, dans tous les cas de mutation, soit entre-vifs, soit par décès, *la déduction des revenus passifs des transmettants ou débiteurs garantirait l'imposition des revenus actifs des acquéreurs ou créanciers, et réciproquement.*

CONCLUSION.

Par ces motifs, les Soussignés supplient l'Assemblée nationale de voter, en vertu de son chapitre XI, la révision de la Constitution, dans le double but :

1° *De substituer aux impôts directs un impôt progressif sur la fortune de chacun, ou son revenu net ;*

2° *Et d'abolir les impôts indirects, à mesure que les bienfaits de l'impôt progressif le permettront.*

FIN.

Imp. Appert fils et Vavasseur, passage du Caire, 54, à Paris.

www.ingramcontent.com/pod-product-compliance
Ingram Content Group UK Ltd.
Pitfield, Milton Keynes, MK11 3LW, UK
UKHW021641090726
13657UKWH00004B/1676